CHI

P9-CRJ-692

OFFICIALLY WITHDRAWN

# Un hogar para mí

# El departamento

## Lola M. Schaefer

### Traducción de Julio Fonseca

Heinemann Library
Chicago, Illinois

©2003 Reed Educational & Professional Publishing
Published by Heinemann Library,
an imprint of Reed Educational & Professional Publishing
Chicago, IL

Customer Service  888-454-2279
Visit our website at www.heinemannlibrary.com

Designed by Sue Emerson, Heinemann Library
Printed and bound in the U.S.A. by Lake Book

07 06 05 04 03
10 9 8 7 6 5 4 3 2 1

**Library of Congress Cataloging-in-Publication Data**
Schaefer, Lola M., 1950-
   [Apartment. Spanish]
   El departamento / Lola M. Schaefer ; traducción de Julio Fonseca.
      p.cm. -- (Un hogar para mí)
   Summary: Briefly describes apartments in some typical apartment buildings.
   Includes index.
   ISBN 1-40340-265-5 (HC), 1-40340-487-9 (Pbk.)
   1. Apartments--Juvenile literature. 2. Apartment houses--Juvenile literature. [1. Apartments.
   2. Apartments houses. 3. Spanish language materials.] I. Fonseca, Julio. II. Title.
GT172 S32518 2003
392.3'6--dc21

                                                    2002027267

**Acknowledgments**
The author and publishers are grateful to the following for permission to reproduce copyright material
p. 4 Rudi Von Briel/Index Stock Imagery; pp. 5, 12, 14, 17, 18, 19, 20 Robert Lifson/ Heinemann Library; pp. 6, 15 Jill Birschbach/Heinemann Library; p. 7 David June; p. 8 Michael Boys/Corbis; p. 9 Karen Bussolini; p. 13 Spike Powell, Elizabeth Whiting & Associates/Corbis; p. 16 Charles Cook; p. 21 Greg Williams/Heinemann Library; p. 23 (row 1, L-R) David June, Greg Williams/Heinemann Library, Robert Lifson/Heinemann Library; p. 23 (row 2, L-R) Jill Birschbach/ Heinemann Library, Robert Lifson/Heinemann Library; p. 23 (row 3, L-R) Robert Folz/Visuals Unlimited, Jill Birschbach/ Heinemann Library; back cover David June

Photo research by Amor Montes de Oca
Special thanks to our models, the Ryan family, and to Chuck and Jennifer Gillis for the use of their apartment.
Cover photograph by Perry Mastrovito/Corbis

Every effort has been made to contact copyright holders of any material reproduced in this book. Any omissions will be rectified in subsequent printings if notice is given to the publisher.

Special thanks to our bilingual advisory panel for their help in the preparation of this book:

Anita R. Constantino
Literacy Specialist
Irving Independent School District
Irving, Texas

Aurora Colón García
Literacy Specialist
Northside Independent School District
San Antonio, TX

Argentina Palacios
Docent
Bronx Zoo
New York, NY

Leah Radinsky
Bilingual Teacher
Inter-American Magnet School
Chicago, IL

Ursula Sexton
Researcher, WestEd
San Ramon, CA

Unas palabras están en negrita, **así**.
Las encontrarás en el glosario en fotos de la página 23.

# Contenido

# ¿Qué es un departamento?

Un departamento es un grupo de cuartos para vivir.

Los cuartos están cerca unos de otros.

En un **edificio de departamentos** hay muchos departamentos.

En un edificio viven muchas familias.

# ¿Cómo son los edificios de departamentos?

Unos **edificios de departamentos** son bajos y anchos.

Pueden tener **patios** o **balcones** afuera.

Otros edificios de departamentos son altos y angostos.

Pueden tener muchos pisos.

# ¿De qué tamaño es un departamento?

Un departamento puede ser grande o pequeño.

En algunos departamentos, todo cabe en un cuarto.

Pero otros departamentos tienen cuartos arriba y abajo.

# ¿Cuántos cuartos tiene un departamento?

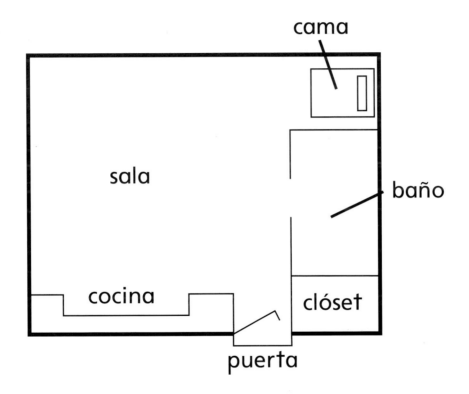

cama

sala

baño

cocina

clóset

puerta

Los departamentos pequeños tienen sólo uno o dos cuartos.

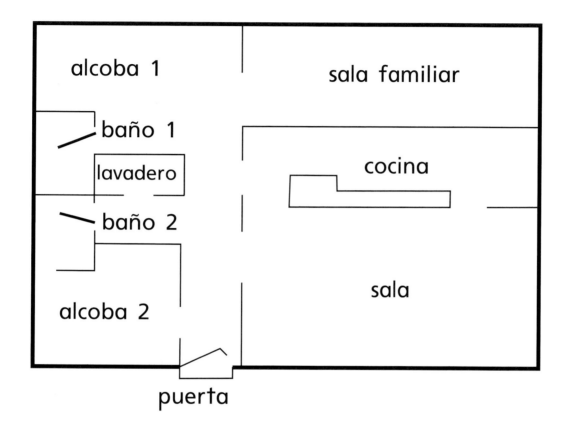

alcoba 1

sala familiar

baño 1

lavadero

cocina

baño 2

sala

alcoba 2

puerta

Los departamentos grandes pueden tener seis cuartos o más.

# ¿Dónde se conversa y se juega?

En la sala se conversa y se juega.

A veces también se ve televisión en la sala.

La sala tiene sofá, sillas, mesas y lámparas.

# ¿Dónde se cocina y se come?

En la cocina se prepara la comida.

A veces en la cocina hay un lugar para comer.

Unos departamentos tienen un solo cuarto.

En el cuarto hay una cocina pequeña.

# ¿Dónde se duerme?

La mayoría de la gente duerme en una alcoba.

En las alcobas hay camas, **cómodas** y clósets.

16

Unos departamentos pequeños
sólo tienen una alcoba.

Ahí, unas personas duermen
en un **sofá-cama**.

# ¿Dónde se bañan?

Los departamentos tienen baño.

En el baño uno se puede dar una ducha o un baño de tina.

Todos los baños tienen lavamanos
e inodoro.

A veces un departamento tiene
más de un baño.

# ¿Dónde se lava la ropa?

Unas personas lavan la ropa en su departamento.

Tienen **lavadora** y **secadora** en un clóset.

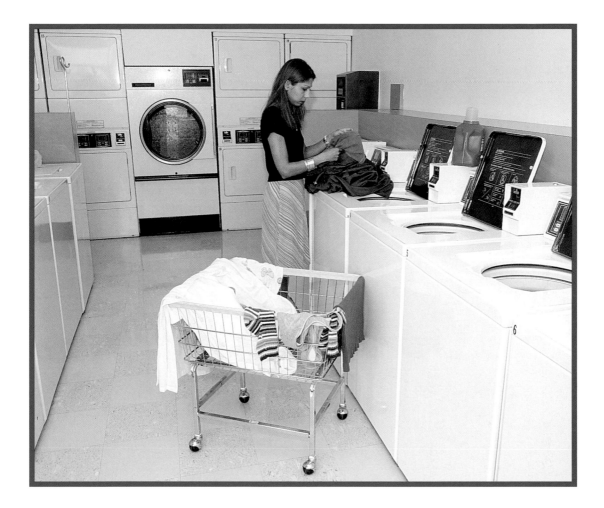

Unos **edificios de departamentos** tienen un cuarto para lavar.

Ahí se lava y se seca la ropa.

# Prueba del mapa

¿Cuántas alcobas tiene este departamento?

¿Qué cuarto pequeño está al lado de cada alcoba?

Busca las respuestas en la página 24.

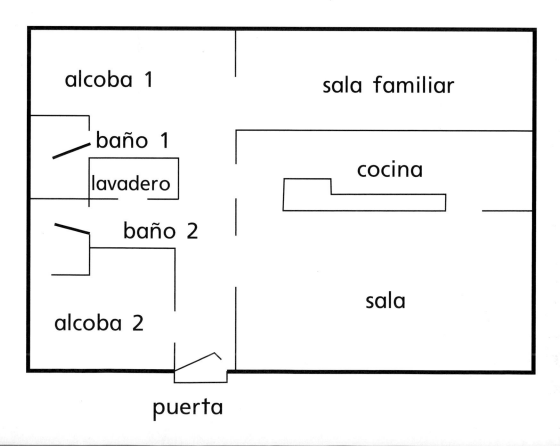

alcoba 1

sala familiar

baño 1

lavadero

cocina

baño 2

alcoba 2

sala

puerta

# Glosario en fotos

**edificio de departamentos**
páginas 5, 6, 7, 21

**secadora**
página 20

**sofá-cama**
página 17

**balcón**
página 6

**patio**
página 6

**lavadora**
página 20

**cómoda**
página 16

# Nota a padres y maestros

Leer para buscar información es un aspecto importante del desarrollo de la lectoescritura. El aprendizaje empieza con una pregunta. Si usted alienta a los niños a hacerse preguntas sobre el mundo que los rodea, los ayudará a verse como investigadores. Cada capítulo de este libro empieza con una pregunta. Lean la pregunta juntos, miren las fotos y traten de contestar la pregunta. Después, lean y comprueben si sus predicciones son correctas. Piensen en otras preguntas sobre el tema y comenten dónde pueden buscar la respuesta. Use los dos mapas sencillos de las páginas 10 y 11 para que los niños aprendan a leer mapas. Después de hablar de ellos, guíe a los niños a dibujar un mapa sencillo, por ejemplo de su alcoba. Ayude a los niños a usar el glosario en fotos y el índice para practicar nuevas destrezas de vocabulario y de investigación.

# Índice

**Respuestas de la página 22**

Este departamento tiene dos alcobas.

Al lado de cada alcoba está un baño.